Le Cᵗᵉ Talleyrand
prie le C. Le Chevalier
d'insérer cet ouvrage
dans un de les recueils qu'il
est chargé de composer.

SUR L'ARRÊTÉ

DES CONSULS

DU 24 THERMIDOR,

Relatif aux Bois des prévenus d'émigration.

Par J. Henri LASALLE.

À PARIS,

Chez BERTRANDET, Imprimeur-Libraire, rue de Sorbonne, n°. 384;
Et chez les marchands de nouveautés.

Vendémiaire. — AN X.

SUR L'ARRÊTÉ

DES CONSULS

DU 24 THERMIDOR,

Relatif aux Bois des prévenus d'émigration.

~~~~~~~~~~~

J'ÉCRIS contre un acte du Gouver-
ment ; je défère à sa justice, à son
honneur, une surprise qui lui a été
faite, ou un oubli auquel il s'est
abandonné. Depuis quelque tems ,
tout ce qui émane de lui est reçu dans
le plus profond silence ; et cependant
il est évident que plusieurs de ses
opérations sont contraires à ce que
~~~~~~~~~~~

beaucoup pensent ou veulent. Ce silence est une injure ou un piége. Croirait-on les réclamations inutiles ou dangereuses? Le droit des citoyens est de publier ce qu'ils regardent comme la vérité; le devoir, ainsi que l'intérêt du Gouvernement est de l'entendre. Pendant les révolutions, ceux qui les dirigent sont soutenus par le fanatisme de quelques hommes, l'esprit novateur d'un grand nombre, les espérances de presque tous. Lorsque le mouvement commence à se ralentir, et que le Gouvernement cherche à se fixer, il appelle autour de lui les divers partis qui se sont formés pendant la révolution, et s'en sert en leur cédant quelques portions du pouvoir. Mais à l'époque, où ces partis sont éteints, ou du moins comprimés; à mesure que l'autorité s'affermit, et sur-tout qu'elle se resserre, elle n'a

plus pour appui que l'opinion publique : elle ne peut la connaître si elle
interdit la faculté d'écrire. Un des
soins les plus pressans encore de tout
pouvoir, ce doit être de manifester aux
hommes qu'il les compte pour quelque chose et ambitionne leurs suf-
frages. Alors l'obéissance devient facile, on la croit volontaire, ou du
moins un sacrifice imposé pour le
bien de tous. Dans les tems de la plus
violente démagogie, des furieux ont
reconnu qu'il fallait une opposition,
et même la créer si elle n'osait se
montrer. Après le 31 Mai, tous les
membres de la Convention, poussés
par la terreur, siégeaient au pied de
la Montagne ; Chabot crut que la
France protesterait un jour contre
des décrets portés sans aucune délibé-
ration, et il fut, avec quelques autres
former un nouveau côté droit. Ce

besoin de liberté dans les opinions, senti par des membres d'une assemblée qui se croyait envoyée pour tout détruire, serait-il méconnu par un gouvernement qui n'a qu'à conserver?

C'est de l'arrêté du 24 messidor, qui maintient sous la main de la nation les bois des rayés de la liste des émigrés, que je veux parler. Cet arrêté n'est précédé d'aucun considérant; le gouvernement n'a pas jugé à propos de faire connaître les motifs qui l'ont porté à une mesure si extraordinaire, et le public n'a que des conjectures.

On prétend que les rayés, jugeant leur situation incertaine, s'empressent de couper tous leurs bois, et dégradent ainsi les forêts; qu'en outre, leur projet est de faire passer le prix de ces ventes multipliées chez l'étranger, et d'enlever ainsi à la France des capitaux dont elle a le plus grand besoin. Mais, d'abord peu de rayés encore sont rentrés dans la jouissance de leurs biens, et il est difficile de préjuger ce que tous ou la plus grande partie doivent faire. D'ailleurs, une forêt ne s'abat pas dans une nuit; et les autorités administratives peuvent aisément maintenir l'exécution des lois forestières, qui déterminent le tems et l'ordre des coupes. A l'égard du danger que des capitaux ne passent chez l'étranger, l'arrêté ne le prévient point. En effet, cet arrêté porte que les propriétaires des forêts recevront une indemnité. Mais qui les empêchera de faire sortir le prix, soit des biens ruraux, soit des inscriptions sur le grand livre, qui leur seront donnés, et qu'ils pourront vendre? Il y a de plus un grand inconvénient pour la chose publique qu'ils soient indemnisés par des créations de rentes. Si l'on prend l'habitude d'inscrire sur le grand livre toutes les créances qui embarrassent, et sur-tout celles dont le montant n'est point spécifié, le prix des rentes doit baisser sans que l'on prévoye jusqu'où cette chûte ira. Ce gage de la créance principale sur l'État une fois avili, tous les autres effets du Gouvernement ne peuvent manquer d'éprouver le même sort. Alors on ne traite plus avec lui sans une extrême défiance : le taux de l'intérêt augmente dans une proportion effrayante, pour lui et pour ceux qui cherchent des capitaux qui doivent leur servir à vivifier le commerce, l'industrie ou l'agriculture. Une des principales causes du crédit du Gouvernement anglais, pendant une guerre qui l'oblige à tant de dépenses, c'est qu'aucune partie de la dette n'est

(11)

consolidée, aucun emprunt n'est ou-
vert sans qu'il soit assigné des fonds
pour acquitter les arrérages, et opé-
rer le remboursement du capital.

Mais, comment d'ailleurs disposer
des forêts d'un grand nombre d'individus, en les contraignant à accepter
une indemnité? La propriété d'un
individu rayé de la liste des émigrés, est aussi sacrée que celle de
tout citoyen. Le dogme de la propriété, cet article de foi politique,
sans lequel il ne peut exister de so-
ciété, n'a été que trop oublié pendant
le cours de la révolution : le gouvernement doit employer tous ses soins
à le rétablir. Aucune convenance,
aucun prétexte d'utilité publique n'au-
torise à y porter la moindre atteinte.
Si on le viole encore une fois, qui sait
où l'on s'arrêtera? Aujourd'hui on se
saisit des forêts, afin de prévenir les

dégâts dont elles sont menacées ; demain l'on dira que les fermiers de la Beauce ou de la Brie ressèrent les grains pour rançonner les consommateurs, ou servir un parti en occasionnant une disette, et l'on proposera au Gouvernement de mettre sous sa main les terres ou les récoltes de ces pays. Cette crainte serait-elle présentée comme exagérée, et ce résultat comme impossible ? A une époque qui n'est pas encore éloignée, le département de Paris prit un arrêté, dans lequel il déclara que les fruits de la terre appartiennent à tous, et que les cultivateurs n'on droit qu'à une *indemnité*.

On veut encore que des généraux aient sollicité cette détermination ; mais ce n'est là sans doute qu'une supposition invraisemblable. Les militaires français, qui ont pour eux tant de hauts faits d'armes, ne proscrivent point; et Bonaparte ne peut être soumis à aucune influence. Le premier magistrat d'une république de trente millions d'hommes ne veut point se borner à devenir le chef d'une aristocratie militaire. L'Europe d'ailleurs, est trop avancée pour qu'un pareil gouvernement s'établisse. Les rois eux-mêmes, forcés par le cours des événemens politiques et les progrès de lumières, regardent la royauté comme une magistrature. On ne les voit point à la tête de leurs armées; et non seulement le vœu public ne les y appelle pas, mais ils y paraîtraient déplacés. C'est sur-tout parce qu'en France le chef du gouvernement est militaire, qu'il doit renforcer l'autorité civile : elle seule peut contenir la nation sans effort, et imposer à l'armée. Si le gouvernement devenait militaire ; si le respect pour la loi pouvait s'effacer, qui empêcherait qu'on n'établisse un jour comme maxime, que la première place doit appartenir à celui qui a eu la dernière victoire (1) ?

---

(1) Le gouvernement militaire est regardé comme la fin presque inévitable de toutes les grandes révolutions. Mais parcourez l'histoire, et vous verrez que si par gouvernement on entend, comme on le doit, une autorité qui administre d'une manière régulière et durable, il n'a pu s'établir en aucun lieu. La force militaire a souvent renversé un pouvoir existant ; mais qu'en est-il toujours résulté ? la tyrannie violente et passagère de quelques chefs, et bientôt dans l'armée une anarchie plus terrible encore que celle d'un peuple qui a perdu ses lois. Auguste arrivé à l'Empire par la force des armes, comprit le danger

Le dirai-je ? des républicains pré-
tendent justifier l'arrêté du 24 Thermidor, par cela seul qu'il frappe des

---

de sa position ; aussi le vit-on s'occuper
sans cesse à contenir, par une discipline
rigoureuse, ses légions réléguées dans des
camps placés sur les frontières ; et l'on remarque que jamais, soit dans ses édits,
soit devant le sénat, il ne donna à ses soldats le nom de camarades, suivant l'usage
introduit pendant les guerres civiles. Ce
n'est pas trop de l'activité et du génie pour
résister à l'effort de l'armée qui cherche
toujours à envahir. Avant Tibère et pendant une partie de son règne, les soldats
prétoriens étaient dispersés par la ville.
Séjan les réunit dans un camp, sous le
prétexte de prévenir les désordres qu'en-
traînait cette dispersion, et de pouvoir tirer
d'eux des secours plus prompts. Mais son
dessein, comme l'observe Tacite, était que
la vue habituelle de leurs forces et de leur

émigrés : ils vont même jusqu'à avancer que le gouvernement doit être dispensé de leur donner aucune in-

---

nombre leur inspirât à eux - mêmes une grande confiance, et apprit aux autres à les craindre. Dès ce moment le préfet du prétoire, qui n'avait eu jusques-là qu'une autorité subordonnée, devint le second personnage de l'Empire, le rival du prince ; et le sombre et cruel Tibère, si jaloux de l'autorité, faillit à être renversé par sa créature. Après l'extinction de la famille des Césars, et qu'on eut perdu tout respect pour l'ombre de sénat qui existait encore, les armées seules disposèrent de l'Empire. On vit presque dans le même moment les légions d'Espagne proclamer Galba ; les gardes prétoriennes saluer Othon, et l'armée de Germanie prêter le serment à Vistelius, tandis que celle de Syrie marchait à Rome, pour faire reconnaître Vespasien. Bientôt l'élévation à l'Empire ne devint

demnité. C'est à ces républicains éga-
rés par l'esprit de parti, que je vais
répondre. Jusqu'ici, au milieu des

plus guères qu'un titre pour être proscrit.
Pendant les 160 ans qui s'écoulèrent, à com-
mencer du règne d'Auguste, soixante-dix
individus portèrent le nom d'empereurs,
quoique parmi eux, plusieurs, comme Auguste et Tibère, aient eu un règne très-long.
Chez les nations modernes le gouvernement
militaire a rencontré les mêmes obstacles.
Les hommes superficiels citent l'exemple
de Cromwel, élevé par l'armée. Ils ou-
blient que le parlement lui avait préparé
les voies, en s'obstinant à garder le pouvoir
après s'être mutilé lui-même, et sur-tout en
exerçant une insupportable tyrannie sur une
grande partie de la nation. Mais Cromwel
ne tarda pas à s'apercevoir combien son
titre de général était défectueux et pouvait
nuire à la consolidation de son pouvoir : il
prit celui de protecteur, reconnu en Angle-

passions révolutionnaires, on n'a pu juger l'émigration ; il faut enfin le faire. Peut-être y a-t-il quelque cou-

---

terre par les lois. Malgré la violence de son humeur et son penchant au despotisme , on le vit créer une sorte de gouvernement civil , et s'environner d'une représentation nationale , qu'Hume regarde comme formée sur un excellent plan. Mais ces précautions et ces sacrifices furent insuffisans. La gloire accompagna toujours son administration : l'état de paix où l'Angleterre fut presque constamment sous lui , ne permit à aucune réputation militaire de rivaliser la sienne. Cependant le protecteur ne put se maintenir, que par d'excessives rigueurs. Son embarras étoit extrême lorsqu'il mourut ; et il est certain que le chagrin et la crainte abrégèrent ses jours. Après lui, vainement le conseil des officiers voulut se saisir de l'autorité ; il fut contraint de rappeler le long parlement. Celui qu'on rage à dire aujourd'hui ce qu'on croit que la postérité dira, quand elle prononcera sur notre révolution.

---

regardait comme le premier général, depuis que Cromwel n'était plus , ne pouvant rien pour lui-même , n'eut qu'à choisir à qui il remettrait le pouvoir , et le faible Monck traita avec Charles II, plus sensible à l'honneur de porter l'ordre de la Jarretière , qu'à celui de donner la liberté à un grand peuple. Si les chefs de hordes accourues du Nord pour déchirer l'empire romain , sont parvenues à fonder des gouvernemens , c'est qu'au moment de leur invasion, ils s'emparèrent de grands territoires ; ils joignirent ainsi l'influence que donnent d'immenses propriétés à celle de chefs et de vainqueurs. La féodalité d'ailleurs venant à s'établir, par une suite même de leur conquête , ils se trouvèrent législateurs et juges de leurs vassaux ; et des rapports formés entre ces derniers et eux, à-peu-près

Il est connu que c'est à Calonne qu'on doit l'émigration. Ce ministre n'avait aucune des vues qui consti-

---

semblables à ceux qui existaient à Rome, entre les patrons et les cliens, garantirent leur autorité.

Il est une observation qui échappe souvent, mais qu'on ne peut nier. C'est que le souvenir des services militaires dure peu. Au risque de passer pour pédant, je citerai encore les Romains, parce que c'est le peuple libre dont l'histoire nous est le plus connue. A Rome, au milieu d'une nation guerrière, la popularité n'était pas toujours le partage de celui qui avait aggrandi l'empire, tandis qu'un tribun séditieux devenait l'idole de la multitude. Le jeune Scipion, le vainqueur de Carthage et de Numance, fut assassiné dans son lit, sans que ses concitoyens recherchassent les auteurs de ce crime, de crainte de trouver parmi eux un démagogue qui troublait l'État. Marius avait

tuent le grand administrateur, encore moins les qualités de l'ame nécessaires à un homme d'état. Mais

---

détruit les Cimbres, qui menaçaient Rome
d'une ruine certaine, et bientôt après il
demeura long-tems presque oublié. On le
regardait comme une vieille arme inutile
en tems de paix. Irrité de cette ingratitude,
il passa en Asie, pour exciter par ses hau-
teurs Mitridate à déclarer aux Romains
une guerre qui devait les forcer de recourir
à lui. Sans doute la nation anglaise tient
compte à ses amiraux de la gloire qu'ils font
rejaillir sur elle ; mais l'affection populaire
se porte spécialement sur les membres de
l'opposition pour quelques discours contre
les ministres que lord North appréciait à leur
valeur , lorsqu'il dormait sur les bancs de
la trésorerie , pendant qu'on les débitait.

S'il était besoin de chercher les causes de
cette indifférence des nations envers ceux
qui les ont servies aux dépens de leur sang ,

sa facilité pour le travail avait sé-
duit des courtisans frivoles ; et sa lé-
géreté imprévoyante était prise par
eux pour l'énergie qui brave le dan-

---

elles seraient sans doute aisément trouvées.
Les principales sont peut-être les manières
hautaines et despotiques d'hommes à qui
il a fallu donner dans les camps un pouvoir
absolu : le peu de cas que font des intérêts
les plus chers de leurs concitoyens, des
soldats habitués à décider tout avec l'épée ;
et enfin quelquefois le spectacle des richesses acquises par des violences ou des
vexations qu'on n'a pas même pris la peine
de cacher dans l'abus de la victoire.

C'est sur-tout en France que le gouvernement militaire aurait de la peine à s'établir ou à durer ; et je ne doute pas qu'il ne
soit facile de démontrer cette opinion jusqu'à l'évidence ; mais ce ne peut pas être
dans une note déjà peut-être trop longue.

ger, après en avoir mesuré l'étendue.
Il avait en outre la réputation d'être
immoral , et les esprits communs
croient trop souvent que la politique
n'est que la pratique des crimes se-
crets. Devenu l'ame du parti des princes , il fit adopter l'idée de l'émigration ; alors son parti fut perdu , et
la France livrée à des malheurs presqu'incalculables.

On se demande, d'abord, ce que
devait pouvoir une poignée d'hommes qui laissaient pour gages à
une nation dont ils se déclaraient
ennemis, leurs femmes, leurs enfans, leurs propriétés ? Mais des
circonstances particulières faisaient
encore préjuger la vanité de leurs
efforts. L'émigration se composait
de la noblesse de cour et de celle
de province. La première, brave un
jour de bataille, mais amollie par

son genre de vie, était incapable des travaux et des fatigues qui se rencontrent chaque jour dans les guerres civiles. Ses membres regardaient tous les honneurs comme un privilège de leurs noms : n'ayant guères, pour en jouir, qu'à attendre un âge fixé par quelques ordonnances, ils se mettaient peu en peine de les mériter. D'un autre côté, c'eût été un grand hasard qu'il fût sorti quelque talent supérieur, ou quelque grand caractère de la noblesse de province, pauvre, ignorante, habituée à vieillir dans les emplois subalternes. Elle haïssait mortellement la noblesse de cour ; et les jacobins ne voulaient pas plus établir l'égalité entre les hommes, que les gentilshommes campagnards entre les nobles.

Une agrégation aussi désunie avait des chefs d'une nullité reconnue. Déjà l'on a oublié les frères de Louis XVI, qui n'ont pas tiré l'épée pendant le cours d'une guerre suscitée par eux (1); et le prince de Condé ne

---

(1) La déconsidération du caractère d'un individu détermine souvent les jugemens qu'on porte sur ce qu'il fait, ou les événemens qui lui arrivent. Le prétendant était retiré à Véronne : les victoires des Français ayant fait une grande impression sur le conseil des dix, il lui fit notifier de sortir du territoire vénitien dans le plus bref délai. On ne peut nier que dans cette circonstance le frère de Louis XVI n'ait montré quelque dignité. Avant d'obéir à cet ordre si cruel, il déclara qu'il voulait effacer de sa main le nom de sa famille inscrit au livre d'or, et redemanda une armure donnée par Henri IV à la République. Supposez cet Henri IV, à la place de son faible descendant, et l'Europe habituée à admirer son courage dans le combat, sa

doit son espèce de réputation qu'au besoin qu'ont les partisans de la monarchie de trouver au moins un Bourbon recommandable. Mais à la tête d'hommes excités par l'ambition, la vengeance et les affections les plus vives de la nature, il n'a rien fait. Après deux ou trois actions de quelqu'importance, son corps n'a plus pris part aux sanglantes campagnes qui ont lieu : il est demeuré oisif sur

---

générosité après la victoire, se fut indignée contre un gouvernement lâche qui violait l'asyle du malheur ; mais elle n'a pris aucun intérêt à un prince à qui les désastres de sa famille et de ses adhérens n'ont pu inspirer la résolution de les venger ou de mourir. Elle l'a entièrement perdu de vue ; et elle ignore presque le lieu où celui qui se prétend l'héritier du premier trône du monde vit des aumônes de quelque cour.

les bords du Rhin, à l'époque où l'on cherchait à soulever une grande partie de la France contre le régime républicain; et Condé, de sa tente, a pu voir les fugitifs de Lyon qui allaient se cacher dans les montagnes de la Suisse (1).

---

(1) On veut que le prince de Condé ait été paralysé par des ordres de la cour de Vienne : mais dans la guerre de 30 ans , à-peu-près semblable à la dernière, par le nombre et les forces des contendans , un cadet de la branche de Saxe – Veimar , le duc Bernard , à la tête d'un corps ramassé en divers lieux de l'Allemagne, sut en imposer à l'Empereur , et se créa une principauté. Les défenses d'agir qu'on suppose données aux princes français, leur servent d'excuse aux yeux de leurs partisans ; mais si elles ont existé , elles ne prouvent que la faiblesse des princes et leur défaut de vues.

A l'époque où l'émigration commença, l'autorité avait déjà échappé à Louis XVI. La France présentait alors un singulier spectacle. Elle se croyait monarchie, et avait abattu avec transport toutes les barrières qui défendaient l'autorité royale : elle disait aimer son chef, et elle le tenait en prison dans son palais. L'as-

---

Toutes les fois que la France a éprouvé des divisions intestines , les puissances de l'Europe ont cherché à en profiter , et ont voulu influencer ceux à qui elles fournissaient l'occasion de jouer un grand rôle. Pendant la ligue, ni Henri IV , ni le duc de Guise ne consultaient pour agir le conseil de Madrid , quoique le second fût peut-être, par sa position , obligé à une déférence apparente : aussi, l'un a-t-il conquis la France , et l'autre se vit-il au moment de mettre la couronne sur sa tête.

semblée législative réunissait tous les pouvoirs, même ceux expressément réservés au roi par l'acte constitutionnel. Cette nouvelle puissance était obéie en tous lieux avec autant de soumission que le fut jamais Louis XIV, dont le despotisme avait été préparé par celui de Richelieu. Se déclarer contre l'assemblée, c'était renforcer encore son pouvoir. Une autorité, pour peu qu'elle soit habile et secondée par quelque assentiment populaire, sait tirer parti pour s'affermir, des coups qu'on veut lui porter. On savait d'ailleurs que les émigrés projettaient de confondre leurs drapeaux avec ceux des Prussiens et des Autrichiens, et l'orgueil national se révoltait de voir des étrangers se mêler de nos dissentions domestiques. La faiblesse de Louis XVI lui avait persuadé qu'il devait se bor-

ner à un rôle qui parut purement def-
fensif : il suivit de ce parti pris in-
considérément, que les cabinets de
l'Europe ne savaient que penser lorsqu'ils le voyaient déclarer dans des
actes publics, que son vœu était de
défendre une constitution qu'il avait
jurée. La mésintelligence régnait en
outre dans le conseil des Thuileries.
Quelquefois Louis, au milieu de ses
chagrins, consentait à se servir de
ses frères qui voulaient le rétablir
sur le trône à main armée, après avoir
châtié une nation qu'ils traitaient de
rebelle. Mais Marie-Antoinette re-
doutait l'importance que leur aurait
donné un aussi grand service : elle
tremblait pour son crédit, et des
émissaires envoyés par elle auprès
des cours étrangères, avaient reçu
l'ordre de contrarier les projets des
frères de son époux. La guerre était

peu désirée par Léopold, qui avait passé une partie de sa vie à gouverner un état dont les souverains ne pouvaient point se mêler des grandes affaires de l'Europe. Il était d'ailleurs occupé à réprimer une violente insurrection dans une partie de ses états, et de graves mécontentemens dans tous, excités par les réformes brusques de Joseph II, auquel il venait de succéder. Il avait accédé facilement à un projet de la cour des Thuileries, qui consistait à désigner à la nation les jacobins, comme ceux dont les principes excitaient les allarmes des puissances étrangères, et nécessitaient leur intervention. Sans doute, il comptait par-là éloigner la guerre; pensant, ainsi que ceux qui le faisaient agir, que la France effrayée par de simples menaces, réduirait les jacobins au silence, et

reviendrait à son premier gouvernement. A la vérité, Fréderic-Guil-
laume avait pris extrêmement à cœur
la cause des rois. Un zèle chevale-
resque le portait à venir en France
relever l'ancienne monarchie ; mais
ce prince montra bientôt qu'il met-
tait peu de suite dans ses projets.
Irrité de trouver de la résistance par-
tout, lorsqu'on l'avait assuré que le
peuple n'attendait que son armée et
les princes pour se joindre à eux , il
ne vit dans les émigrés que des aven-
turiers qui avaient cherché à le tromper. Pendant sa retraite en Cham-
pagne , il les laissa constamment sur
ses derrières , exposés à toute la vengeance des républicains , et ne daigna
point les comprendre dans un cartel
d'échange. C'était avec un défaut
aussi absolu de moyens efficaces, que
les nobles Français se flattaient de

subjuguer une nation enthousiaste de la liberté : pendant leurs apprêts, et même une partie de leur marche, on les vit se préparer au milieu des plaisirs, à leur entrée triomphale.

L'histoire aura à résoudre le problême de savoir s'il n'eût pas été possible de prévenir une guerre qui devait bouleverser l'Europe ; mais dès ce moment l'homme impartial peut assurer que les mesures répressives adoptées contre l'émigration ont produit de grands maux.

D'abord, on se hâta de porter la peine capitale contre tous les émigrés ; rigueur presqu'inouie dans la fureur même des troubles civils, où communément les chefs sont seuls punis. C'était leur déclarer qu'ils n'avaient de salut que dans leur désespoir. Pouvaient-ils rentrer autrement qu'à main armée sur une terre où ils devaient trouver la mort ? Le séquestre avait été mis sur leurs biens, et cette mesure était juste et politique, puisqu'ils n'en devaient employer ni le prix ni les revenus à soutenir la guerre. Mais bientôt la confiscation fut prononcée indistinctement contre toute leurs propriétés; et voici quelles furent les suites de cette double manie de proscrire en masse, et de confisquer sans mesure. Après avoir puni de mort des hommes qui s'étaient armés pour aider à l'invasion de leur patrie, on crut devoir décerner la même peine contre les rebelles de l'intérieur. Delà, les mitraillades de Lyon, l'incendie de Toulon, l'ordre de fusiller les prisonniers des Vendéens, qui, ayant des corps d'armée puissans, usèrent d'horribles represaillles. Des rebelles on passa aux traîtres : on en vit partout; les échafauds se

dressèrent en tous lieux ; des charre-
tées de victimes furent envoyées à la
mort par les tribunaux révolutionnaires ; enfin Carrier noya des enfans , dans la crainte qu'un jour ,
devenus hommes, ils ne voulussent
attaquer la liberté. Mais , exterminer
des générations entières ne parut pas
un châtiment assez terrible ; on voulut anéantir jusqu'aux lieux où avaient
pu vivre des ennemis de la République. La convention rendit le fameux
décret qui ordonnait la destruction
de la Vendée ; et on livra aux flammes
la cabane vide du paysan tué dans le
combat ou après la victoire.

Les politiques de l'antiquité avaient
la vue plus longue que les législateurs
français. Les premiers voulaient que
lorsqu'un État était réduit à confisquer les biens d'un coupable , leur prix
fût consacré aux Dieux. Ils connais-

saient assez les hommes pour juger que si une fois le peuple trouvait quelque avantage dans les confisca-tions, il les multiplierait ; et que les démagogues ne manqueraient pas de l'y porter pour obtenir sa faveur ou s'enrichir eux - mêmes. D'abord la confiscation en France ne fut regar-dée que comme une peine ; bientôt on vit en elle une indemnité des frais de la guerre, et enfin une ressource pour nos finances. Ceux qui les dirigeaient déclarèrent qu'il fallait battre mon-naie sur la place de la révolution, et l'on proscrivit pour confisquer. A Rome, sous les monstres qui com-mandaient aux maîtres du monde, celui qui prévenait sa condamnation par une mort volontaire, pouvait es-pérer de transmettre son héritage à ses enfans. La convention eut moins de pudeur que les Caligula et les

Néron; elle déclara que si un homme mis en jugement, venait à se tuer, ou *à se faire tuer*, ses biens seraient confisqués. On eût dit qu'elle était jalouse de se réserver le privilège exclusif du meurtre.

Toutes ces horreurs devaient cesser avec les fureurs révolutionnaires; mais il est des maux plus durables que l'on doit au système des consfications. Le tiers des biens territoriaux de la France furent mis à l'encan. Une vente aussi au-delà de celle qui eût dû avoir lieu dans l'ordre ordinaire des choses, devait seule faire baisser le prix de toutes les terres. L'incertitude de la propriété, attaquée chaque jour, y contribua encore. Or, c'est un inconvénient excessif pour un État que le bas prix de ses terres; tandis que leur haut prix est un signe comme un moyen de prospérité publique.

Le propriétaire, qui n'a entre ses mains qu'un gage faible, et dont on peut encore regarder la valeur comme variable, ne trouve point à emprunter, s'il veut améliorer le sol ou les édifices qui servent à son exploitation. Arthur Young, même avant la révolution, a observé qu'en France tous les objets nécessaires ou utiles à la culture, sont moins considérables que ceux destinés, en Angleterre, aux mêmes usages. En balançant, les pays les plus riches et les mieux cultivés de la France par ceux restés en arrière en Angleterre, il n'hésite pas de dire qu'on peut évaluer à trente-six liv. par acre, la supériorité des avances du propriétaire auquel l'agriculture anglaise doit une partie de ses avantages. On sait aussi qu'il existe chez nous une différence remarquable entre le prix des propriétés patrimoniales, et celui des propriétés qui ont appartenu à la nation : peut-être un siècle ne suffira pas pour l'effacer. Les terres, en Irlande, passées par par une suite des confiscations, entre les mains des propriétaires actuels, se vendent encore moins cher que les terres d'un égal produit en Angleterre. Ainsi une grande partie du territoire français doit rester longtems sans avoir sa valeur naturelle.

Une des causes qui empêchaient autrefois de tirer de notre sol toutes les richesses dont il était susceptible, c'était la crainte des taxes arbitraires. Les fermiers n'osaient se livrer à de grandes entreprises rurales, dont le premier effet était d'éveiller la cupidité du fisc, et de leur faire supporter une augmentation de taille. Il est certain que souvent ils prenaient le parti de laisser leurs capitaux oisifs.

La révolution est venue, à la vérité, leur donner une occasion de
les employer : beaucoup de cultivateurs se sont rendus propriétaires des fermes qu'ils avoient à
loyer, mais c'est un mal aux yeux de
tout administrateur. Les capitaux qui
ont servi à payer leurs acquisitions,
eussent été mieux employés à multi-
plier les avances agricoles. Dans les
pays de bonne culture, le fermier et
le propriétaire sont des êtres distincts;
et chacun d'eux se livre à des amélio-
rations résultantes de son titre. En
Angleterre, sur-tout, le fermier ne
cherche point à devenir propriétaire.
La loi a pris soin de lui en ôter l'envie :
elle accorde à celui qui a une tenure
d'une certaine étendue, les droits du
franc-tenancier. La longue durée des
baux permet au fermier de bâtir sur
les terres qu'il exploite ; et il confie

volontiers à la terre des avances dont il ne craint point qu'un successeur recueille le fruit. Arthur Young croyait encore qu'en France, en prenant un terme moyen, on ne peut évaluer qu'à quarante-huit livres par acre le capital du fermier, tandis que pour la même mesure de terre, il porte à quatre–vingt-seize livres le capital du fermier anglais. Enfin les propriétés en France étaient déjà beaucoup trop divisées : une grande partie du territoire se trouvait occupée par de petits propriétaires, n'ayant ni assez de terre, ni assez de capitaux pour le développement de l'industrie de leurs familles. Leur misère doit encore s'accroître par le partage successif de leurs domaines entre leurs héritiers (1). Cette classe déjà très-po-

---

(1) « J'ai vu plus d'une fois cette divipuleuse, tire avec beaucoup de peine de la terre une chétive subsistance pour elle-même. Les grandes fermes

---

» sion (des propriétés) portée à un tel » excès, qu'un simple arbre fruitier dans » environ dix perches de terre, formait une » ferme et la situation locale d'une famille. » *Voyage en France d'Arthur Young, ch.* 12.

Je ne crains pas de le dire ; l'état des propriétés en France exige qu'on s'occupe enfin d'examiner s'il ne conviendrait pas de prévenir par quelque loi leur division. On m'objectera que c'est vouloir réduire un grand nombre d'hommes à l'état de salariés, et les mettre à la merci de leurs semblables, la pire des conditions. Je réponds que les ouvriers agricoles des fermiers sont mieux nourris, mieux vêtus, enfin vivent mieux que ces petits propriétaires dont je veux empêcher que le nombre s'accroisse ; qu'on peut, au moyen de quelques lois, restreindre l'ascendant souvent injuste que

seules peuvent fournir à la consom-
mation des villes et de la classe in-
dustrielle. Beaucoup de ces fermes
ont été vendues par petits lots : on
a pris ce parti pour trouver des ac-
quéreurs et consolider les ventes , en
multipliant le nombre des intéressés
à leur maintien. Nul doute que cette

prend sur des hommes à ses gages celui qui
les emploie : qu'enfin il faut créer une
nouvelle sorte de propriété presqu'inconnue
en France , à laquelle participeront les salariés. Je veux parler des caisses d'assu-
rances si multipliées en Angleterre , où l'artisan peut aller déposer ses épargnes jour-
nalières qu'il consomme dans la débauche ,
si elles ne sortent pas de suite de ses mains
pour un emploi utile. Des établissemens de
cette sorte , bien combinés et sûrs , doivent
avoir une influence grande et salutaire. Par
eux l'artisan devient propriétaire , sans que

nouvelle division des terres n'ait encore porté un grand préjudice à l'a-
griculture. En l'an 7 , il a été prouvé
que les départemens de l'ancienne
France payaient en principal de la
contribution foncière , quatre-vingt-
six millions de moins qu'en 1789 ;
et cependant, pour faire rentrer
soixante - dix millions de cette an-
née , et à-peu-près soixante des an-

---

les propriétés territoriales soient trop mor-
celées. Il prend la moralité et l'indépendance
de son nouvel état : il a enfin une patrie ; et
si le gouvernement obtient assez de confiance, pour que quelque partie des fonds
de ces établissemens soient placés dans ses
emprunts ; un grand nombre d'hommes
prend un intérêt majeur à ses opérations :
ils sont ainsi portés à la soutenir ; et lui-
même se surveille, et craint d'exciter leurs
mécontentemens.

nées antérieures, il a fallu en faire coûter au peuple, en frais de garnisers, l'énorme somme de cinquante-un million. On a indiqué diverses causes de l'extrême difficulté du recouvrement de l'impôt; mais l'une d'elles, et peut-être la principale, n'a pas été sentie. C'est une diminution dans les produits de l'agriculture, due, partie au placement en acquisitions de biens ruraux, des fonds qui devaient être employés dans leur exploitation, partie à cette nouvelle imprudente division des propriétés.

Tous ces résultats désastreux et nécessaires, qu'on devait attendre de lois cruelles et imprévoyantes, avaient eu lieu lors de l'établissement du gouvernement consulaire. Mais sa conduite, à l'égard des émigrés, a-t-elle été dirigée par les principes d'une politique saine et généreuse?

On peut induire de ce qu'il a fait, qu'il a regardé leurs personnes comme à-peu-près indifférentes; mais que relativement à leurs propriétés , il n'a pas cru devoir s'écarter des maximes de rigueur suivies par les gouvernemens précédens. Il est même le premier, qui ait déclaré que les individus rayés de la liste ne recevraient aucune indemnité , pour les fruits échus pendant la durée de leurs inscriptions : il est également le premier qui leur ait interdit la faculté de rentrer dans celles de leurs propriétés , revenues par suite de ventes non-acquittées, entre les mains de la nation.

J'ai déjà eu occasion de le dire : ce sont les circonstances politiques dans lesquelles se trouve le gouvernement, qui doivent décider de sa rigueur ou de son indulgence envers les personnes des émigrés. Sa règle de conduite à cet égard est toute simple ; il doit faire tout ce qui ne peut point troubler l'ordre public ; mais il y aurait de sa part faiblesse ou imprudence, à négliger les précautions propres à s'assurer de ce but. Je viens de retracer les effets des proscriptions, et l'on ne me soupçonnera pas d'en vouloir demander une nouvelle. Mais je suis forcé d'avouer que, peut-être même par une suite de celle qu'ils ont éprouvée, il est des émigrés exaspérés au dernier point : il en est qui ont abjuré autant qu'ils l'ont pu, le nom et le caractère français. Leur ouvrir le territoire, c'est les exposer à la tentation de troubler l'État ; c'est exposer aussi le gouvernement à la cruelle nécessité de recourir un jour à des mesures de rigueur. Doivent-ils être traités de la même manière et ceux qui n'ont émigré qu'à la voix des chefs à qui ils étaient accoutumés d'obéir, et ces mêmes chefs qui ont tout fait pour les égarer ? Ne doit-on pas imposer, à ceux qui rentrent, des obligations telles qu'elles assurent de leur fidélité à l'avenir. Charles II, pendant son séjour à La Haye, ne cessait d'écrire à ses partisans en Angleterre, de se couvrir d'un masque républicain, et de prendre des emplois publics. Parmi les émigrés qui se présentent, n'en est-il point qui le fassent avec le consentement ou l'ordre du prétendant ? Dans ce cas, auraient-ils d'autre dessein que d'explorer notre situation intérieure, corrompre l'esprit public, et préparer de nouvelles dissensions ? Enfin, lorsque la France leur permet de revoir leurs foyers, c'est

toujours une grande nation qui par-
donne : elle doit imposer les conditions qu'elle juge convenables à son
intérêt et à sa sûreté. Vainement les
émigrés prétendraient-ils se plain-
dre : ils en ont appelé à leur épée ;
et vaincus, ils doivent se soumettre
à ce que prescrivent les vainqueurs.
Au lieu de prononcer des radiations
sur des pièces controuvées, je ne
doute point qu'il n'eût été plus politique d'accorder une amnistie. Il
falloit saisir cette occasion de donner
aux hommes une grande leçon ; et
l'amnistie, en remettant la peine,
eût consacré le principe, que dans
les troubles civils, le poste de l'honneur et du patriotisme est toujours
dans l'intérieur de l'état.

Mais d'un autre côté, le système
des confiscations devait entièrement
cesser à l'établissement du Gouver-

*　　　　　　　　　　　　4

nement consulaire. On s'attendait à l'abrogation de toutes ces lois spoliatrices qui forment une partie de notre code civil ; telles que celle par laquelle la nation se subroge à l'individu émigré pour jouir des rentes placées sur lui ; celle où elle le déclare mort civilement, et le prive, ainsi que ses enfans, de leurs droits à venir. La nation a peu de chose à gagner dans l'exécution de ces lois ; et indépendamment de leur dureté, elles blessent les citoyens d'une autre manière. Elles les forcent de révéler à l'autorité le secret de leurs affaires domestiques, et de l'appeler dans des transactions de famille. D'autres motifs encore s'opposaient à ce qu'on ne songeât à priver les radiés de quelques portions de bois échappées, comme par miracle à la fiscalité révolutionnaire. Le directoire ne cessa de traiter

les émigrés avec une excessive rigueur : de son siége curule, il disait
à tous qu'il leur fallait mourir s'ils
osaient rentrer en France ; et sa conduite a prouvé que ce n'était point
une vaine menace. Mais depuis le 18
Brumaire cet ordre de choses a changé.
Les émigrés ont été reçus partout ; et
la facilité de leur rentrée a pu faire
concevoir qu'il était dans la pensée
du Gouvernement de les réconcilier
avec la nation, et de les replacer au
milieu d'elle. Si maintenant on va
achever de les dépouiller, les ennemis du Gouvernement crieront à la
duplicité ; et la masse du peuple, incapable de combinaisons politiques,
mais conduite par des idées simples,
ne pourra pas concevoir comment
on les punit encore après les avoir déclaré innocens, en les rayant. Enfin,
rappeler les émigrés, et leur ôter

tout moyen d'exister, c'est jetter dans la nation des germes de troubles. Il faudrait ne pas connaître la nature humaine ou trop exiger d'elle, si l'on espérait trouver l'attachement à la République, dans des hommes réduits en son nom à la misère. Ils haïront le Gouvernement, et leurs enfans, qui partagent leurs maux, partageront leur haine. Veut-on une preuve de la longanimité de l'esprit de parti, et du ressentiment des injures et des torts, alors même qu'ils ont depuis long-tems cessé d'exister? Ceux qui ont étudié notre révolution ne doutent point qu'elle n'ait été puissamment soutenue par les Protestans. Les Français voyaient l'occasion de conquérir la liberté, et les religionnaires voyaient encore celle de se venger des princes de la maison de Bourbon, dont ils avaient été souvent opprimés ; et l'on peut dire que Louis XVI qui avait rendu l'État civil aux Protestans, a été puni de la révocation de l'édit de Nantes, arrachée cent ans avant lui au bigotisme de son aïeul.

Mais dira-t-on, les besoins du trésor public sont extrêmes, et les revenus des Bois des émigrés forment une ressource...... Telle est l'insuffisance de nos principes en administration, et la dégradation de notre morale, que je ne dois peut-être pas laisser cette objection sans réponse. A quoi peuvent donc monter ces revenus ? Celui de tous les bois actuellement sous les mains de la nation, a été porté à 17 millions par le Gouvernement, lorsqu'il a demandé qu'ils ne fussent plus assujétis à la contribution foncière. Mais parmi ces Bois se trouvent, et ceux qui fesaient partie du domaine du roi et des princes, et ceux qui apparte-

✶ ✶ ✶

naient aux communautés ecclésiasti-
ques; et l'on sait que c'étaient-là les
plus grands propriétaires des bois.
Sans doute, il n'est point à craindre de
se tromper, en déterminant à cinq ou
six millions le revenu de ceux des
émigrés. Une amélioration dans quelque branche importante de la re-
cette publique, une économie dans
quelque partie de la dépense, peut
aisément procurer au Gouvernement
une somme égale. En l'obtenant ainsi,
il aura la satisfaction de réprimer des
abus existans, et de prévenir ceux à
naître par l'idée qu'on aura qu'il est
sans cesse à leur recherche (1).

____

(1) Modifier, réduire et remplacer la
plupart des impositions, et sur-tout la contribution foncière qui accable les campagnes, par sa quotité et son inégale ré-
partition entre les départemens de la Répu-

Enfin, il est un point de vue sous lequel l'arrêté du 24 thermidor peut

---

blique, les communes d'un même département et les terres d'une même commune. Chercher à créer enfin un véritable crédit public, et mettre la nation à portée de faire comme font communément les Anglais, qui satisfont à leurs dépenses ordinaires par des impôts, et aux extraordinaires, par le seul crédit : réduire les dépenses et réformer cette quantité de fonctions et de places qui absorbent une grande partie des revenus de l'état, et entravent la marche de l'administration : voilà de grands moyens mis à la disposition du gouvernement pour l'amélioration des finances. Peut-être lui présenterai-je quelques idées sur ces objets dans une préface mise à la tête d'une traduction de l'ouvrage de M. Rose, sur les finances et le commerce de la Grande-Bretagne, que je compte publier.

être encore considéré. L'État va se trouver propriétaire ou possesseur de tous les Bois de quelque importance. C'est une maxime due à l'expérience, que toujours les propriétés de l'État sont mal gérées par des administrateurs sans intérêt à ce qu'elles prospèrent. Je sais bien qu'on regarde les Bois comme une propriété d'une nature particulière, et que presque par-tout les Gouvernemens croyent devoir surveiller l'administration de ceux même qui n'appartiennent point à l'État. Mais d'abord on pourrait peut-être établir, s'il était besoin, que les réglemens sur les forêts sont destructifs des forêts ; que du moins, malgré eux, l'Europe est menacée de la dépopulation des siennes ; et que l'avidité, du moment qu'on redoute dans le propriétaire, serait plus que compensée par les soins et

les vues de l'intérêt privé, pour l'en-
tretien et la durée des bois. D'ailleurs, et c'est ici une remarque exces-
sivement importante, le produit de
toutes les forêts va se trouver à la
diposition du Gouvernement. Loin
de moi l'idée qu'il songe jamais à faire
de cette denrée de première nécessité
un monopole odieux. Mais il est souvent tourmenté par de grands besoins
d'argent; il pourra abandonner les
coupes à des compagnies financières;
et alors qui garantira le taux qu'elles
mettront au prix du bois, quand elles
n'auront pas de concurrens? On ré-
pondra que le Gouvernement ne man-
quera pas de les surveiller. Mais
souvent la grandeur d'un État em-
pêche ses chefs de bien connaître la
véritable situation des choses en tout
lieux; les plaintes des administrés
leur arrivent tard, et avec peine;

et elles peuvent quelquefois s'arrêter dans des bureaux ouverts à l'intrigue et à la corruption.

J'ai cru que l'arrêté du 24 Thermidor blessait l'intérêt public comme l'intérêt privé ; et j'ai osé le dire. Peut-être cette note paraît-elle tard, mais j'attendais que ceux qui sont frappés par cet arrêté, réclamassent contre, et il paraît qu'ils n'ont point osé le faire : je pensais encore que leur défense serait prise par des hommes à qui la loi impose l'honorable devoir de faire connaître les abus ou les erreurs qu'ils aperçoivent dans l'administration publique ; et ils ont gardé le silence. J'ai plaint le gouvernement qui m'a paru n'être pas averti quand il se trompe ; et j'ai écrit.